水写布临楷书字帖

多宝塔碑集字

『三字经』

施志伟 编

北京体育大学出版社

策划编辑：李　飞　董英双
责任编辑：张清垣
审稿编辑：董英双　李　飞
责任校对：长　春
责任印制：陈　莎

图书在版编目（CIP）数据

多宝塔碑集字《三字经》/ 施志伟编. —— 北京：
北京体育大学出版社, 2015.4
　（水写布临楷书字帖）
　ISBN 978-7-5644-1884-7

Ⅰ.①多… Ⅱ.①施… Ⅲ.①楷书－碑帖－中国－唐
代 Ⅳ.①J292.24

中国版本图书馆CIP数据核字(2015)第076924号

水写布临楷书字帖
多宝塔碑集字《三字经》　　　　　　　　　　　　施志伟　编

出　　版：北京体育大学出版社
地　　址：北京市海淀区信息路48号
邮　　编：100084
邮购部：北京体育大学出版社读者服务部 010-62989432
发行部：010-62989320
网　　址：http://cbs.bsu.edu.cn

开　　本：787×1092毫米　1/12
印　　张：4.5

2015年6月第1版第1次印刷
定　价：28.00元
（本书因装订质量不合格本社发行部负责调换）

颜真卿与《多宝塔碑》

  颜真卿（709-785），字清臣，祖籍京兆万年（今陕西西安），是唐代一位承前启后、创新成就杰出的大书法家。他出生于几代讲究文字学和书法艺术的士大夫家庭，幼年丧父，家境较贫，从小依靠外祖父生活。外祖父一家学问极好，母亲殷氏亲自教他读书，他自己也非常用功，26岁时考中进士。34岁，辞去所任醴泉县尉之职，师从大书法家张旭学书。747年，任监察御史，因秉性刚直，遭奸臣杨国忠排斥，出任平原太守。安禄山反叛，他首举义旗，被推为十七郡盟主，抵抗叛军。后入京，官至太子太师，封鲁郡开国公。他的书法在魏晋的基础上，融入篆、草笔意，用笔变方为圆，结构开阔，自成一体。他与唐代欧阳询、柳公权和元代赵孟頫被世人誉为"楷书四大家"。

  《多宝塔碑》，全称《大唐西京千福寺多宝佛塔感应碑》，唐天宝十一年（752）四月廿日建，岑勋撰文，颜真卿书丹，徐浩题额，史华刻字。碑高285厘米，宽102厘米，34行，每行66字，原在唐长安安定坊千福寺，现藏于西安碑林，是颜真卿早期的代表作。作品中既有王羲之父子、欧阳询、虞世南、褚遂良等名家的笔意，也有篆隶精神。虽然此碑还称不上颜真卿成熟期的代表作，较其后来所书尚未达到炉火纯青的地步，但已充分体现了他在继承传统方面所取得的成就。全碑字形端庄秀润，外形劲峻饱满，通篇结构法度严谨，肥瘦适度，字形端正，两肩平齐，疏密有致，布白匀称，极易初学，故后世学颜书者多从此碑入手。

  历代书法大家对颜书都有确切的评论。苏东坡赞之曰："鲁公书雄秀独出，一变古法，如杜子美诗，格力天纵，奄有汉、魏、晋、隋、唐以来风流，后之作者，时难复措乎。"黄庭坚评说："奇伟秀拔，奄有魏、晋、隋、唐以来风流气骨，回视欧、虞、褚、薛辈，皆为法度所窘，岂如鲁公萧然出于墨之外。"总之，颜书以厚重雄强，大气磅礴，丰伟遒劲，端庄秀健而著称。

多宝塔碑（局部）

人之初，性本善。性相近，习相远。

　　人生下来的时候都是好的，只是由于成长过程中，后天的学习环境不一样，性情也就有了好与坏的差别。

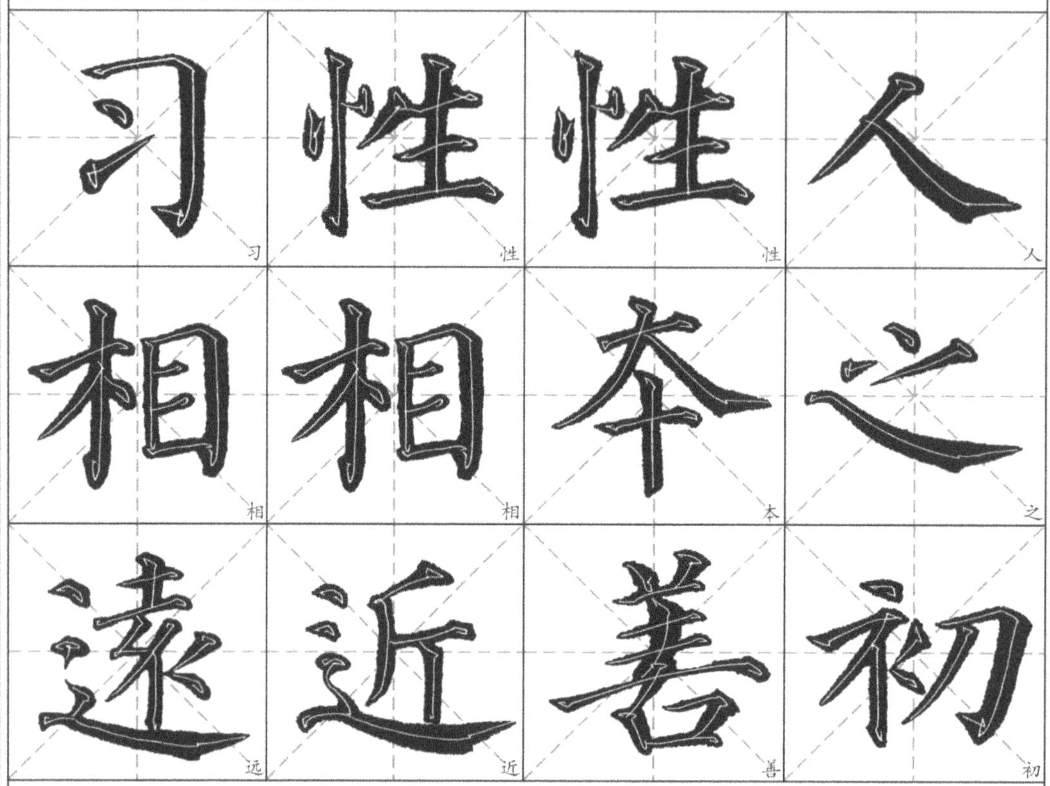

苟不教，性乃迁。教之道，贵以专。

　　如果从小不好好教育，善良的本性就会变坏。为了使人不变坏，最重要的方法就是要专心一致地去教育孩子。

昔孟母，择邻处。子不学，断机杼。

战国时，孟子的母亲曾三次搬家，是为了使孟子有个好的学习环境。一次孟子逃学，孟母就折断织布机的梭子来教子。

窦燕山，有义方。教五子，名俱扬。

五代时，燕山人窦禹钧教育儿子很有方法，他教育的五个儿子都很有出息，都科举成名。

养不教，父之过。教不严，师之惰。

　　仅仅是供养儿女吃穿，而不好好教育，是父亲的过错。只是教育，但不严格要求就是做老师的懒惰了。

子不学，非所宜。幼不学，老何为？

　　小孩子不肯好好学习，是很不应该的。一个人倘若小时候不好好学习，到老的时候既不懂做人的道理，又无知识，能有什么用呢？

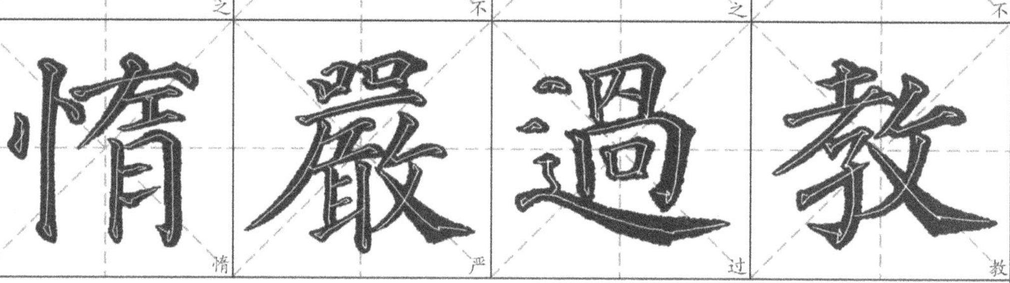

玉不琢，不成器。人不学，不知义。

　　玉不打磨雕刻，不会成为精美的器物；人若是不学习，就不懂得礼仪，不能成才。

为人子，方少时。亲师友，习礼仪。

　　做儿女的，从小时候就要亲近老师和朋友，以便从他们那里学习到许多为人处事的礼节和知识。

香九龄，能温席。孝于亲，所当执。

  东汉人黄香，九岁时就知道孝敬父亲，替父亲暖被窝。这是每个孝顺父母的人都应该实行和效仿的。

融四岁，能让梨。弟于长，宜先知。

  汉代人孔融四岁时，就知道把大的梨让给哥哥吃，这种尊敬和友爱兄长的道理，是每个人从小就应该知道的。

首孝悌，次见闻。知某数，识某文。

  一个人首先要学的是孝敬父母和友爱兄弟的道理，接下来是学习看到和听到的知识。并且要知道基本的算术和高深的数学，以及认识文字，阅读文学。

一而十，十而百。百而千，千而万。

  我国采用十进位算术方法：一到十是基本的数字，然后十个十是一百，十个一百是一千，十个一千是一万……一直变化下去。

提

三才者，天地人。三光者，日月星。

　　还应该知道一些日常生活常识，如什么叫"三才"？三才指的是天、地、人三个方面。什么叫"三光呢？三光就是太阳、月亮、星星。

日　三　天　三
月　光　地　才
星　者　人　者

三纲者，君臣义，父子亲，夫妇顺。

　　什么是"三纲"呢？三纲是人与人之间关系应该遵守的三个行为准则，就是君王与臣子的言行要合乎义理，父母子女之间相亲相爱，夫妻之间和顺相处。

夫　父　君　三
妇　子　臣　纲
顺　亲　义　者

曰春夏，曰秋冬。此四时，运不穷。
　　再让我们看一看四周环境，春、夏、秋、冬叫做四季。这四时季节不断变化，春去夏来，秋去冬来，如此循环往复，永不停止。

曰南北，曰西东。此四方，应乎中。
　　说到东、南、西、北，这叫作"四方"，是指各个方向的位置。这四个方位，必须有个中央位置对应，才能把各个方位定出来。

曰水火，木金土。此五行，本乎数。
　　至于说到"五行"，那就是金、木、水、火、土。这是中国古代用来指宇宙各种事物的抽象概念，是根据一、二、三、四、五这五个数字和组合变化而产生的。

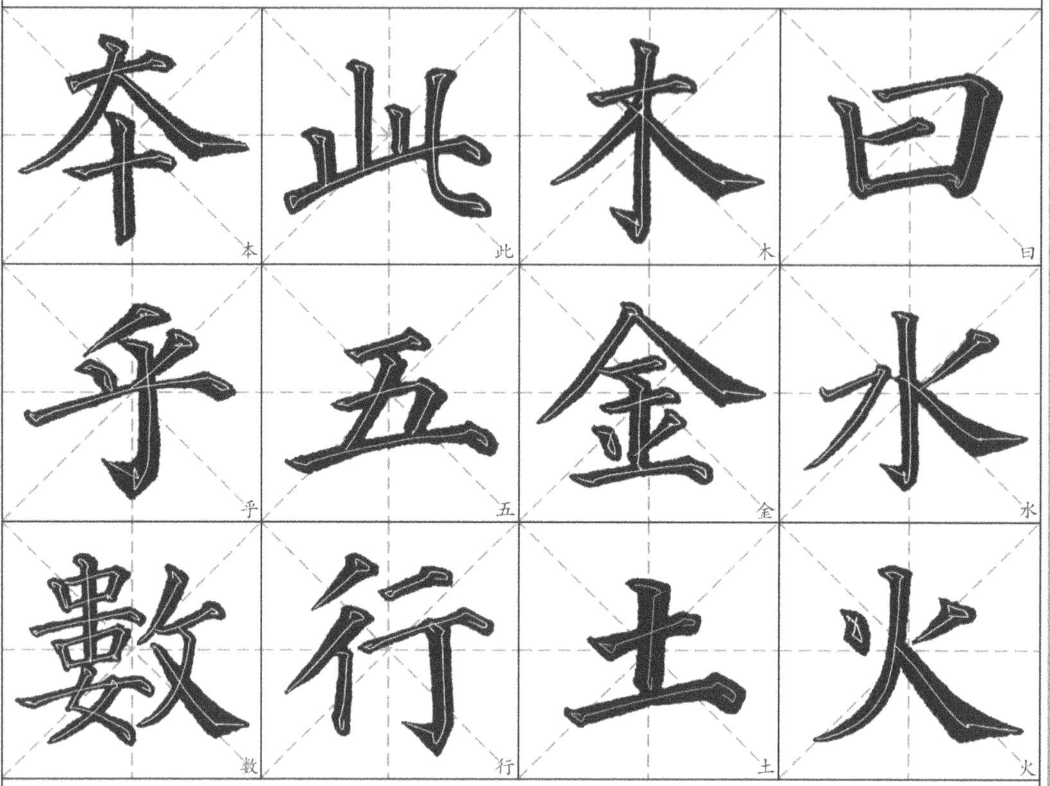

曰仁义，礼智信。此五常，不容紊。
　　如果所有的人都能以仁、义、礼、智、信这五种不变的法则做为处事做人的标准，社会就会永保祥和，所以每个人都应遵守，不可怠慢疏忽。

稻粱菽，麦黍稷。此六谷，人所食。

人类生活中的主食有的来自植物，像稻子、小麦、豆类、玉米和高粱，这些是我们日常生活的重要食品。

马牛羊，鸡犬豕。此六畜，人所饲。

在动物中有马、牛、羊、鸡、狗和猪，这叫六畜。这些动物和六谷一样本来都是野生的。后来被人们渐渐驯化后，才成为人类日常生活的必需品。

阝部

居右时，折角较大，以求左右平衡协调。竖画要直长挺拔，收笔出锋悬针。作左旁时，横折起笔短，折笔后弯势要自然，勿写太大，位置偏上，以让右边笔画穿插。

曰喜怒，曰哀惧。爱恶欲，七情俱。

  高兴叫作喜，生气叫作哀，害怕叫作惧，心里喜欢叫爱，讨厌叫恶，内心很贪恋叫作欲，合起来叫七情。这是人生下来就有的七种感情。

匏土革，木石金，丝与竹，乃八音。

  我国古代人把制造乐器的材料，分为八种，即匏瓜、粘土、皮革、木块、石头、金属、丝线与竹子，称为"八音"。

高曾祖，父而身。身而子，子而孙。

　　由高祖父生曾祖父，曾祖父生祖父，祖父生父亲，父亲生我本身，我生儿子，儿子再生孙子。

自子孙，至玄曾。乃九族，人之伦。

　　由自己的儿子、孙子再接下去，就是曾孙和玄孙。从高祖父到玄孙称为"九族"。这"九族"代表着人的长幼尊卑秩序和家族血统的承续关系。

氵部

　　三点形态各异，各有其法，彼此间要有承接呼应之势，可呈散射呼应弧形排列。

父子恩，夫妇从。兄则友，弟则恭。
　　父亲与儿子之间要注重相互的恩情，夫妻之间的感情要和顺，哥哥对弟弟要友爱，弟弟对哥哥则要尊敬。

长幼序，友与朋。君则敬，臣则忠。
　　年长的和年幼的交往要注意长幼尊卑的次序；朋友相处应该互相讲信用。如果君主能尊重他的臣子，官吏们就会对他忠心耿耿了。

凡训蒙，须讲究。详训诂，明句读。

凡是教导刚入学的儿童的老师，必须把每个字都讲清楚，每句话都要解释明白，并且使学童读书时懂得断句。

为学者，必有初。小学终，至四书。

作为一个学者，求学的初期打好基础，把小学知识学透了，才可以读"四书"。

论语者，二十篇。群弟子，记善言。
　　《论语》这本书共有二十篇，是孔子的弟子们，以及弟子的弟子们，记载的有关孔子言论是一部书。

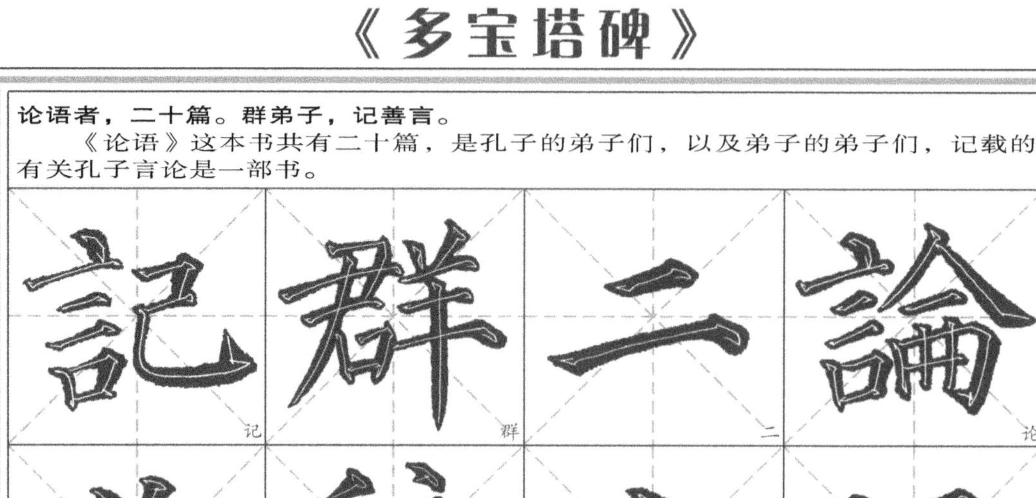

孟子者，七篇止。讲道德，说仁义。
　　《孟子》这本书是孟轲所作，共分七篇，内容也是有关品行修养、发扬道德仁义等优良德行的言论。

作中庸，子思笔。中不偏，庸不易。
　　《中庸》是"四书"之一，是孔子的孙子孔伋（子思）所著。"中"是不偏的意思，"庸"是不变的意思。

作大学，乃曾子。自修齐，至平治。
　　作《大学》这本书的是曾参，他提出了"修身齐家治国平天下"的主张。

宀部
　　一般要写得较宽。上点逆锋落笔再向下顿按，左点向左下取斜势。横钩右仲里覆盖之势。

四书熟，孝经通。如六经，始可读。
　　把四书读熟了，孝经的道理弄明白了，才可以去读六经这样深奥的书。

诗书易，礼春秋。号六经，当讲求。
　　《诗》《书》《易》《礼》《春秋》，再加上《乐》称六经，这是中国古代儒家的重要经典，应当仔细阅读。

忄部
　　两点左低右高遥相呼应，中竖宜长，尚里弯，收笔用垂露。

有连山，有归藏，有周易，三易详。
　　《连山》《归藏》《周易》，是我国古代的三部书，这三部书合称"三易"，"三易"是用"卦"的形式来说明宇宙间万事万物循环变化道理的书籍。

有典谟，有训诰，有誓命，书之奥。
　　《书经》的内容分六个部分：一典，是立国的基本原则；二谟，即治国计划；三训，即大臣的态度；四诰，即国君的通告；五誓，起兵文告；六命，国君的命令。

我周公，作周礼。著六官，存治体。
　　周公著作了《周礼》，其中记载着当时六宫的官制以及国家的组成情况。

大小戴，注礼记。述圣言，礼乐备。
　　戴德和戴圣整理并且注释《礼记》，传述和阐扬了圣贤的著作，这使后代人知道了前代的典章制度和有关礼乐的情形。

小部
　　位居上部时，短竖居中，两点左低右高，彼此呼应，右点写作撇点，出锋收笔，意连下笔。

曰国风，曰雅颂。号四诗，当讽咏。
　　《国风》《大雅》《小雅》《颂》，合称为四诗，它是一种内容丰富、感情深切的诗歌，实在是值得我们去朗诵的。

诗既亡，春秋作。寓褒贬，别善恶。
　　后来由于周朝的衰落，诗经也就跟着被冷落了，所以孔子就作《春秋》，在这本书中隐含着对现实政治的褒贬以及对各国善恶行为的分辩。

女部
作左旁时，斜长折点短，撇画伸展。改横为提，提画左伸右收，不宜超出撇画。字形较窄。位居下时，斜短折点长，撇画精短，取势略穹，横画要长，字形宽扁。

三传者，有公羊，有左氏，有谷梁。
　　三传就是公羊高所著的《公羊传》，左丘明所著的《左传》和谷梁赤所著的《谷梁传》，它们都是解释《春秋》的书。

有　有　有　三
谷　左　公　传
梁　氏　羊　者

经既明，方读子。撮其要，记其事。
　　经传都读熟了然后读子书。子书繁杂，必须选择比较重要的来读，并且要记住每件事的本末因果。

记　撮　方　经
其　其　读　既
事　要　子　明

辶部
走之折左倾与侧点拉开距离。捺取平势略向下倾斜，于上部右侧齐平处顿笔，向右出锋有波磔。

道　造　进

五子者，有荀扬，文中子，及老庄。
　　五子是指荀子、扬子、文中子、老子和庄子。他们所写的书，便称为子书。

经子通，读诸史。考世系，知终始。
　　经书和子书读熟了以后，再读史书。读史时必须要考究各朝各代的世系，明白他们盛衰的原因，才能从历史中记取教训。

尸部
　　横长折短，折笔粗重略向里钩。下横画要短。撇画要长，写得沉稳而劲挺，略带弧势。

自羲农，至黄帝。号三皇，居上世。

自伏羲氏、神农氏到黄帝，这三位上古时代的帝王都能勤政爱民，非常伟大，因此后人尊称他们为"三皇"。

唐有虞，号二帝。相揖逊，称盛世。

黄帝之后，有唐尧和虞舜二位帝王，尧认为自己的儿子不肖，而把帝位传给了才德兼备的舜，在两位帝王治理下，天下太平，人人称颂。

日部（1）

位于上部时，字形略宽扁。两竖左细右粗向内收敛。里面横画居中且与左竖相连，底横不能超出右竖。

夏有禹，商有汤，周文武，称三王。
　　夏朝的开国君主是禹，商朝的开国君主是汤，周朝的开国君主是文王和武王。这几个德才兼备的君王被后人称为三王。

夏传子，家天下。四百载，迁夏社。
　　禹把帝位传给自己的儿子，从此天下就成为一个家族所有的了。经过四百多年，夏被汤灭掉，从而结束了它的统治。

日部（2）
作左旁时要写得较窄。两竖左短右长，底横改为提，且不能超出右竖。

汤伐夏，国号商。六百载，至纣亡。

桀是夏朝最后一个君主，凶残无道，汤举兵推翻了桀的统治，建立了商朝。纣是商朝最后一个君主，他荒淫残暴，被周武王举兵灭国。商朝共经历了600年。

周武王，始诛纣。八百载，最长久。

周武王起兵灭掉商朝，杀死纣王，建立周朝。周朝的历史最长，前后延续了八百多年。

木部　横画左伸右缩，以让右。竖画长且偏右，垂露收笔。撇画舒展，捺画改写为点，收笔与横画上下对齐。

周辙东，王纲坠。逞干戈，尚游说。

　　自从周平王东迁国都后，对诸侯的控制力就越来越弱了。诸侯国之间时常发生战争，而游说之士也开始大行其道。

始春秋，终战国。五霸强，七雄出。

　　东周分为两个阶段，一是春秋时期，一是战国时期。春秋时的齐桓公、宋襄公、晋文公、秦穆公和楚庄王号称五霸。战国的七雄分别为齐楚燕韩赵魏秦。

艹部

　　整体写成四笔，笔顺依次是竖、横、横、竖。上开下合，左竖回锋，右竖作撇，意连下部笔画。

赢秦氏，始兼并。传二世，楚汉争。

　　战国末年，秦国的势力日渐强大，把其他诸侯国都灭掉了，建立了统一的秦朝。秦传到二世胡亥，天下又开始大乱，最后，形成楚汉相争的局面。

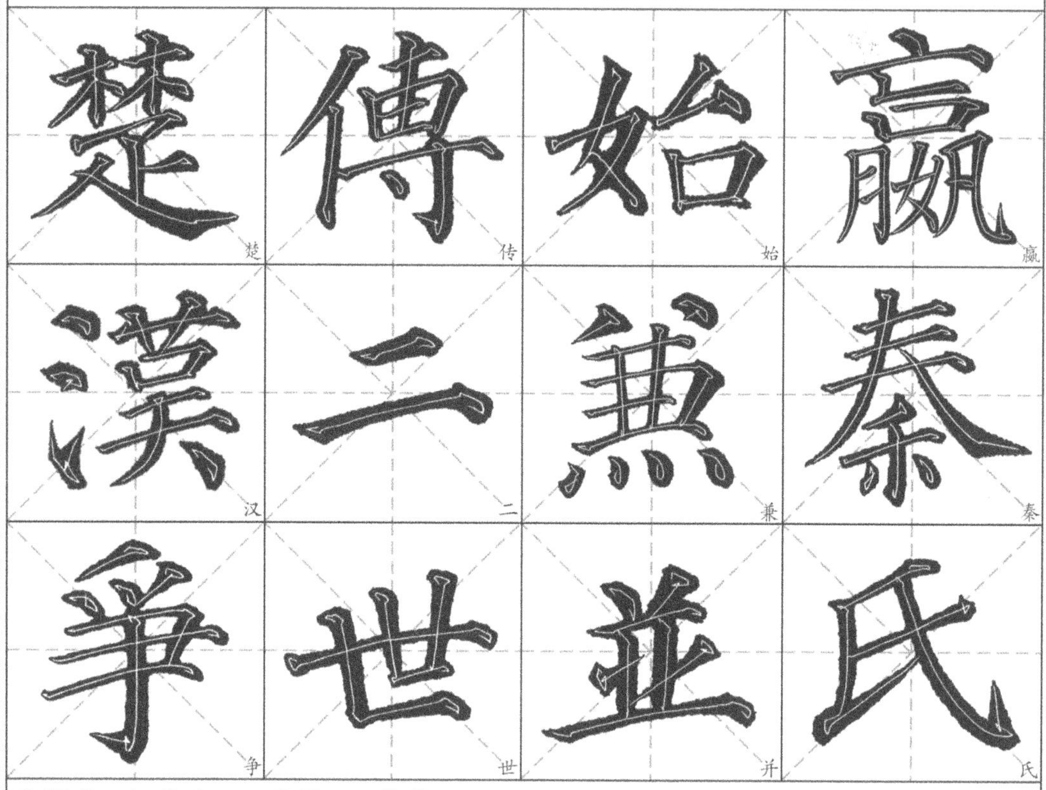

高祖兴，汉业建。至孝平，王莽篡。

　　汉高祖打败了项羽，建立汉朝。汉朝的帝位传了两百多年，到了孝平帝时，就被王莽篡夺了。

木部

　　位居下部时，横画细长，取斜势。短竖上部向下收缩，与横画一起承载上部。改撇、捺画为两点，遥相呼应。

光武兴，为东汉。四百年，终于献。

王莽篡权，改国号为新，天下大乱，刘秀推翻更始帝，恢复国号为汉，史称东汉光武帝，汉朝延续四百年，到汉献帝的时候灭亡。

終 终	四 四	為 为	光 光
於 于	百 百	東 东	武 武
獻 献	年 年	漢 汉	興 兴

魏蜀吴，争汉鼎。号三国，迄两晋。

东汉末年，魏国、蜀国、吴国争夺天下，形成三国相争的局面。后来魏灭了蜀国和吴国，但被司马炎篡夺了帝位，建立了晋朝，晋又分为东晋和西晋两个时期。

迄 迄	號 号	爭 争	魏 魏
兩 两	三 三	漢 汉	蜀 蜀
晉 晋	國 国	鼎 鼎	吳 吴

灬部

四点画大小、形状稍有不同，书写时要相呼应，笔断意连，一气呵成。

無 无	照 照	然 然

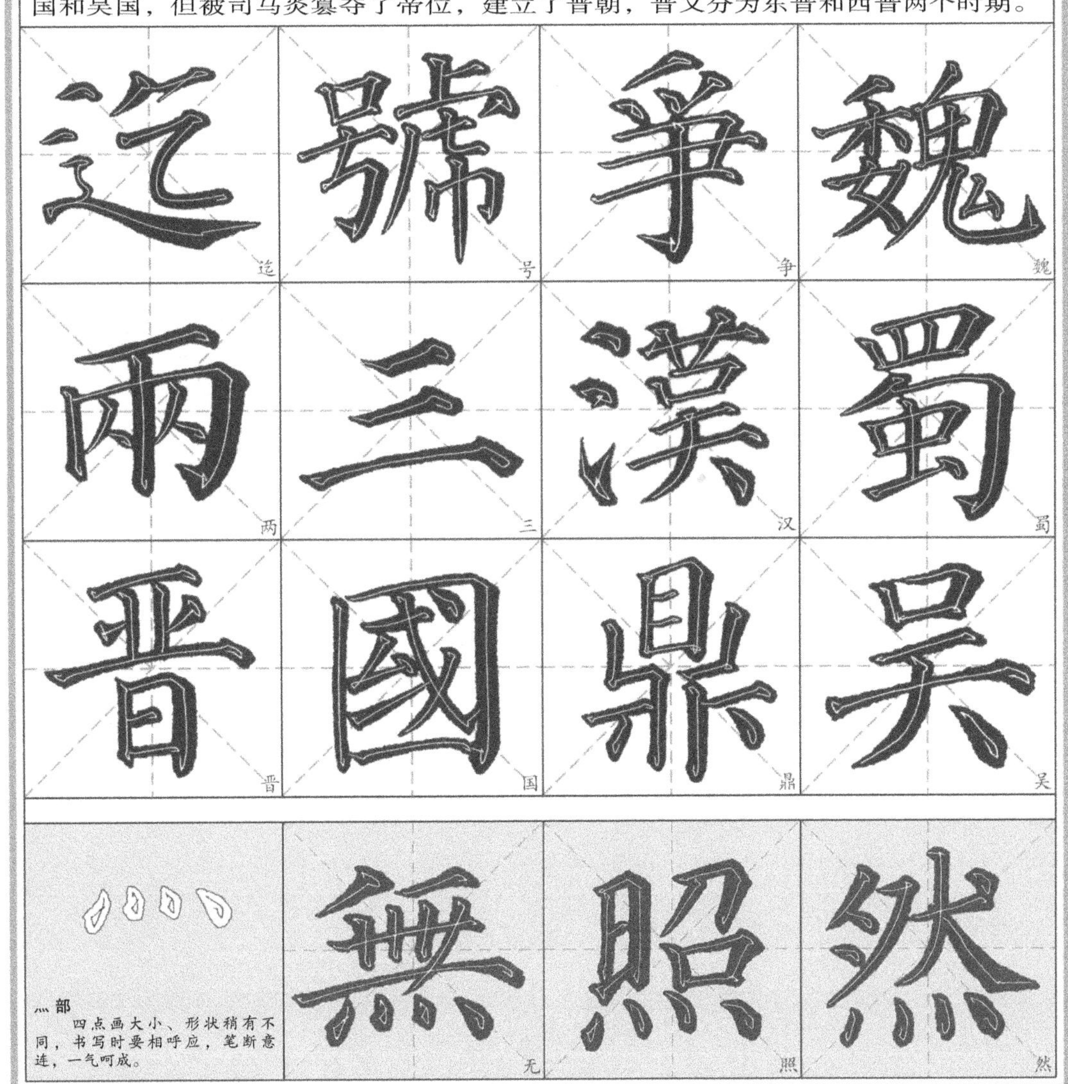

宋齐继，梁陈承。为南朝，都金陵。

晋朝王室南迁以后，不久就衰亡了，继之而起的是南北朝时代。南朝包括宋齐梁陈，国都建在金陵。

北元魏，分东西。宇文周，与高齐。

北朝则指的是元魏。元魏后来也分裂成东魏和西魏，西魏被宇文觉篡了位，建立了北周;东魏被高洋篡了位，建立了北齐。

月部

　　竖撇较长，与竖钩呈相背之势。作左旁时，下横写作挑，笔势带右；居右时，撇画弯势略大，里面两小横连左，右不写满。

追至隋，一土字。不再传，失统绪。
　　杨坚重新统一了中国，建立了隋朝，历史上称为隋文帝。他的儿子隋炀帝杨广即位后，荒淫无道，隋朝很快就灭亡了。

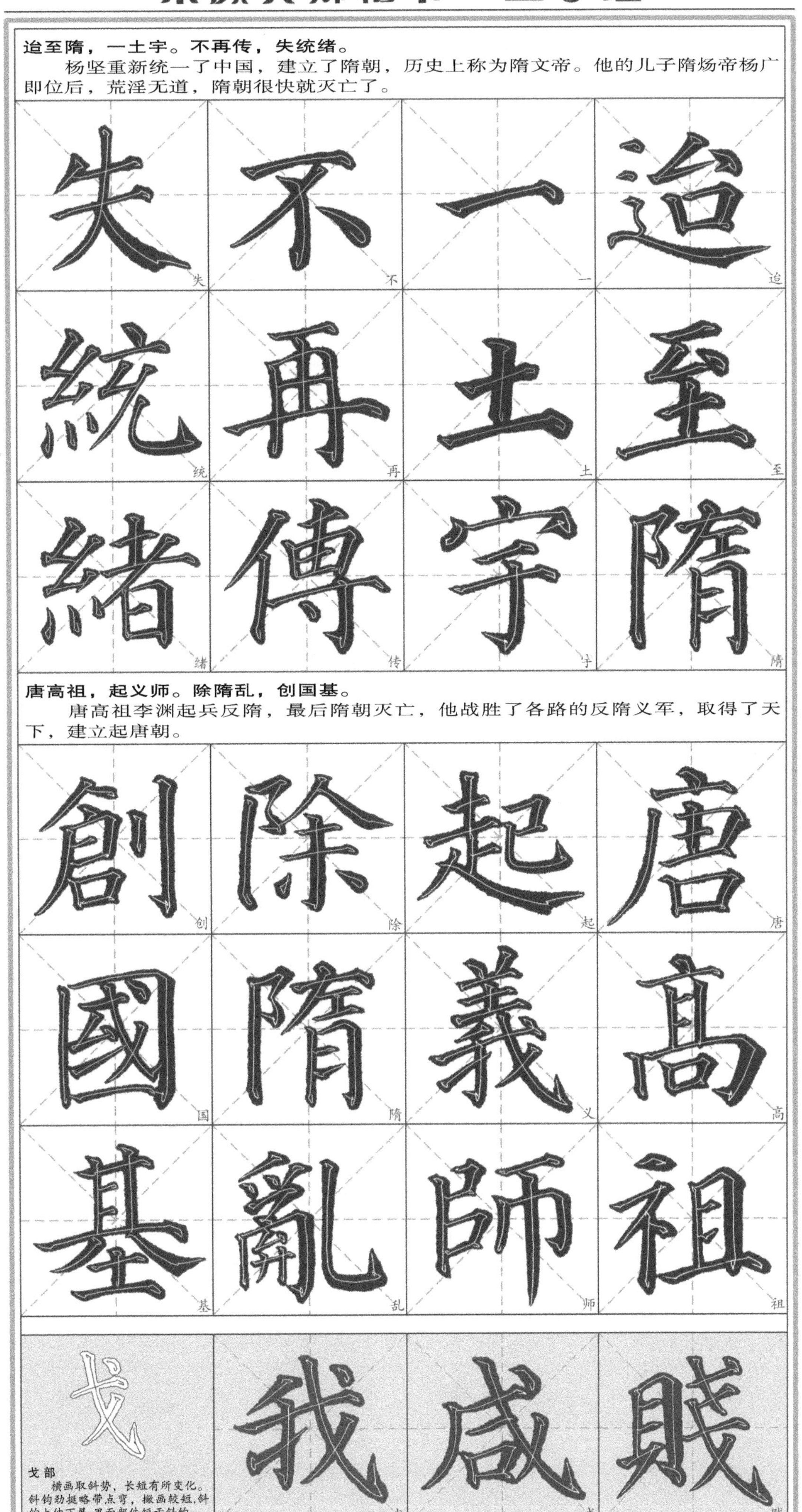

唐高祖，起义师。除隋乱，创国基。
　　唐高祖李渊起兵反隋，最后隋朝灭亡，他战胜了各路的反隋义军，取得了天下，建立起唐朝。

戈部
　　横画取斜势，长短有所变化。斜钩劲挺略带点弯，撇画较短，斜钩上伸下展，里面部件短于斜钩。

二十传，三百载。梁灭之，国乃改。
　　唐朝的统治近三百年，总共传了二十位皇帝。到唐昭宣帝被朱全忠篡位，建立了梁朝，唐朝从此灭亡。为和南北朝时期的梁相区别，历史上称为后梁。

梁唐晋，及汉周。称五代，皆有由。
　　后梁、后唐、后晋、后汉和后周五个朝代的更替时期，历史上称作五代，这五个朝代的更替都有着一定的原因。

心部
　　左点与卧钩笔意连贯。卧钩作横弯势行笔，至钩处轻顿，向左上钩出。上面两点笔势相连，不能陷于卧钩中。

炎宋兴，受周禅。十八传，南北混。

赵匡胤接受了后周“禅让”的帝位，建立宋朝。宋朝相传了十八个皇帝之后，北方的少数民族南下侵扰，结果又成了南北混战的局面。

南 南	十 十	受 受	炎 炎
北 北	八 八	周 周	宋 宋
混 混	傳 传	禪 禅	興 兴

辽与金，皆称帝。元灭金，绝宋世。

北方的辽人、金人和蒙古人都建立了国家，自称皇帝，最后蒙古人灭了金朝和宋朝，建立了元朝，重又统一了中国。

絶 绝	元 元	皆 皆	辽 辽
宋 宋	滅 灭	稱 称	與 与
世 世	金 金	帝 帝	金 金

攵	故 故	敬 敬	教 教

攵部

上撇画长而陡，横画轻落重收。下撇起笔偏左，撇出时带弯势。捺画伸展，捺脚重按轻提。

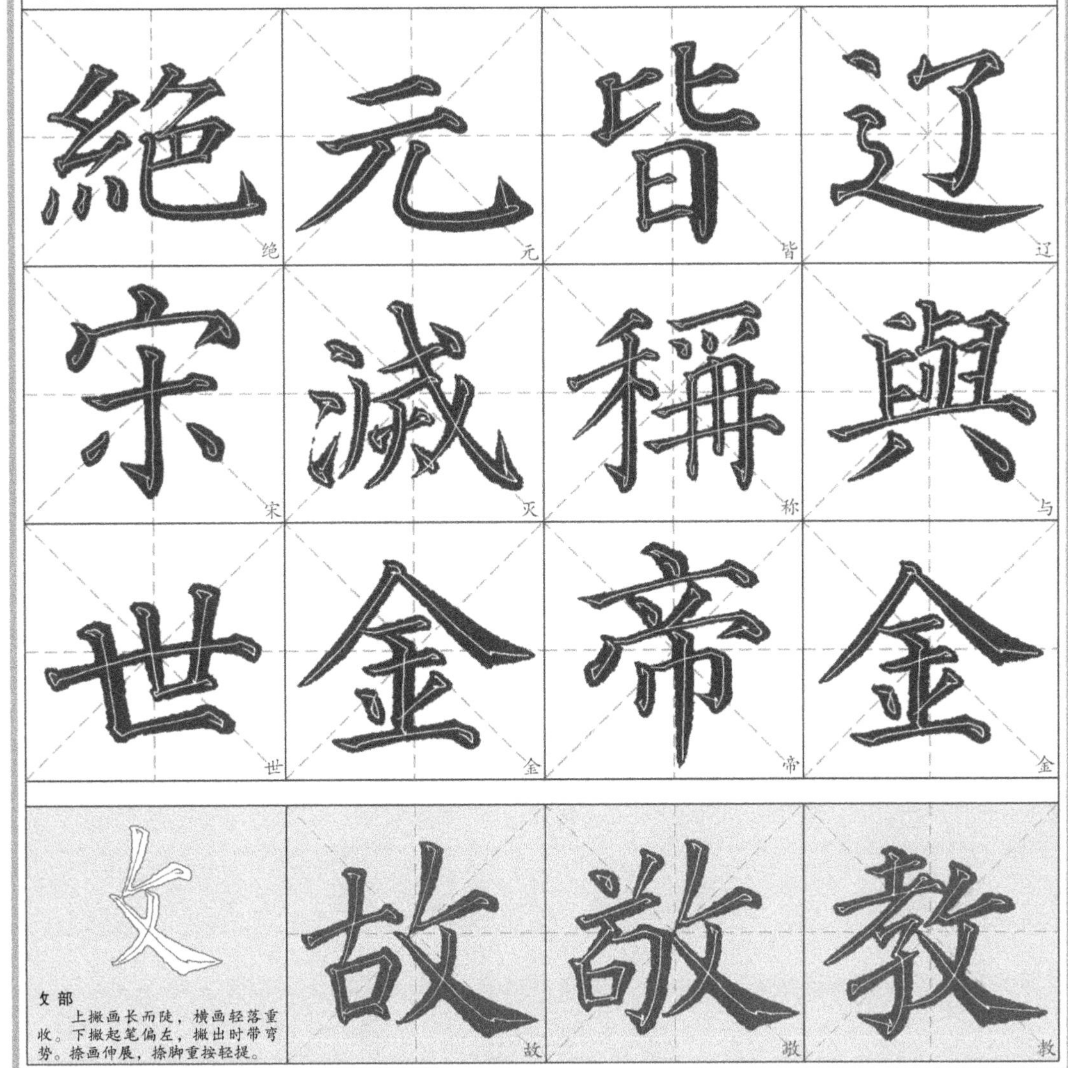

莅中国，兼戎狄。九十载，国祚废。

　　蒙古人入主中原，征服了各少数民族，建立了统一的元帝国。然而，它只维持了短短九十年，就被农民起义军推翻，元朝政权覆灭了。

太祖兴，国大明。号洪武，都金陵。

　　元朝末年，明太祖朱元璋起义，最后推翻元朝统治，统一全国，建立大明，他自己当上了皇帝，号洪武，定都在金陵。

迨成祖，迁燕京。十七世，至崇祯。

到明成祖即位后，把国都由金陵迁到北方的燕京。明朝共传了十七个皇帝，直到崇祯皇帝为止，明朝就灭亡了。

权阉肆，寇如林。至李闯，神器焚。

明朝末年，宦官专权，天下大乱，老百姓纷纷起义，以闯王李自成为首的起义军攻破北京，迫使崇祯皇帝自杀，明朝最后灭亡。

欠部　整体上紧下松，左收右展，下撇画取位偏左，捺画写作长点，轻落重收以求得平衡。

清世祖，膺景命。靖四方，克大定。

清军入关后，清世祖顺治皇帝在北京登上帝座，平定了各地的混乱局面，使得老百姓可以重新安定地生活。

廿二史，全在兹。载治乱，治兴衰。

清朝乾隆皇帝曾下令勘定二十二史，记载了从伏羲到明末的几千年天下太平或天下大乱的历史，从中可以了解各个朝代兴盛和衰亡的原因。

火部

两点左低右高，遥相呼应。作左旁时，斜撇要改为竖撇，捺画向上收缩写成点。

读史者，考实录。通古今，若亲目。
　　读历史的人应该更进一步地去翻阅历史资料，了解古往今来事情的前因后果，就好像是自己亲眼所见一样。

口而诵，心而惟。朝于斯，夕于斯。
　　我们读书学习，要有恒心，要一边读，一边用心去思考。只有早早晚晚都把心思用到学习上，才能真正学好。

礻部
　　首点取平势，横折撇与上点拉开间距。竖画收笔用垂露，长短应根据字结构不同作协调。

昔仲尼，师项橐。古圣贤，尚勤学。

　　从前，孔子是个十分好学的人，当时鲁国有一位神童名叫项橐，孔子就曾向他学习。像孔子这样伟大的圣贤，尚不忘勤学，何况我们普通人呢？

赵中令，读鲁论。彼既仕，学且勤。

　　宋朝时赵中令——赵普，他官已经做到了中书令了，天天还手不释卷地阅读论语，不因为自己已经当了高官，而忘记勤奋学习。

穴部　　首点居中，左点外展，横细钩重。下面的撇与点呈相背之势，在下部笔画高时向上收紧与宝盖相连，在笔画低时，撇与点下置。

披蒲编，削竹简。彼无书，且知勉。

西汉时路温舒把文字抄在蒲草上阅读。公孙弘将春秋刻在竹子削成的竹片上。他们两人都很穷，买不起书，但还不忘勤奋学习。

头悬梁，锥刺股。彼不教，自勤苦。

晋朝的孙敬读书时把自己的头发拴在屋梁上，以免打瞌睡。战国时苏秦读书每到疲倦时就用锥子刺大腿，他们不用别人督促而自觉勤奋苦读。

立部
居上时，斜点居中，两横上短下长，两点上开下合、左低右高；作左旁时，斜点偏右，两横取势右上，左伸右收；中间点、撇彼此呼应。

如囊萤，如映雪。家虽贫，学不辍。

　　晋朝人车胤，把萤火虫放在纱袋里当照明读书。孙康则利用积雪的反光来读书。他们两人家境贫苦，却能在艰苦条件下继续求学。

如负薪，如挂角。身虽劳，犹苦卓。

　　汉朝的朱买臣，以砍柴维持生活，每天边担柴边读书。隋朝李密放牛把书挂在牛角上，有时间就读。他们在艰苦的环境里仍坚持读书。

苏老泉，二十七。始发愤，读书籍。

唐宋八大家之一的苏洵，号老泉，小时候不想念书，到了二十七岁的时候，才开始下决心努力学习，后来成了大学问家。

彼既老，犹悔迟。尔小生，宜早思。

像苏老泉上了年纪，才后悔当初没好好读书，而我们年纪轻轻，更应该把握大好时光，发奋读书，才不至于将来后悔。

皿部
位于字的下部，呈扁形，两边竖画略向内斜，下横画要长，轻起重收笔。

若梁灏，八十二。对大廷，魁多士。

　　宋朝有个梁灏，在八十二岁时才考中状元，在金殿上对皇帝提出的问题对答如流，所有参加考试的人都不如他。

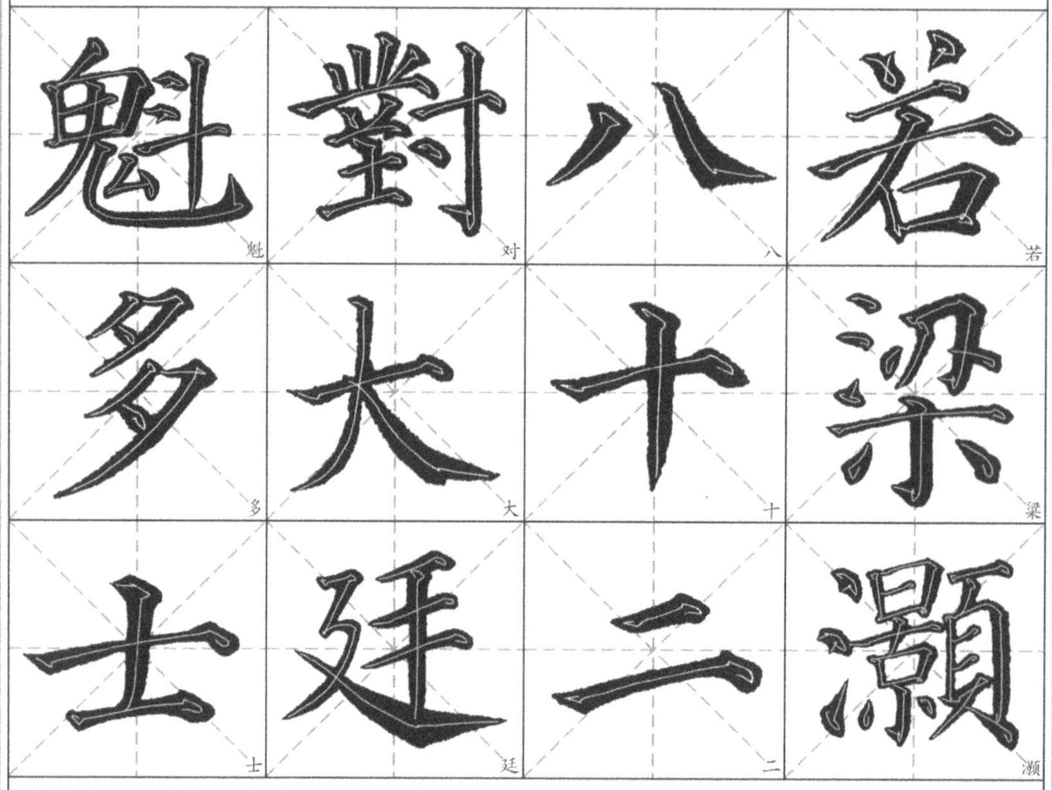

彼既成，众称异。尔小生，宜立志。

　　梁灏这么大年纪，尚能获得成功，不能不使大家感到惊异，钦佩他的好学不倦。而我们应该趁着年轻的时候，立定志向，努力用功就一定前途无量。

莹八岁，能咏诗。泌七岁，能赋棋。

　　北齐有个叫祖莹的人，八岁就能吟诗，后来当了秘书监著作郎。另外唐朝有个叫李泌的人，七岁时就能以下棋为题而作出诗赋。

彼颖悟，人称奇。尔幼学，当效之。

　　他们两个人的聪明和才智，在当时人们深感惊奇并大加称赞。现在我们正是求学的开始，应该效法他们，努力用功读书。

虍部
　　异写时以竖为中轴，竖撇外展，横钩右伸，"七"字略写为两短横，在不对称中求得平衡。

蔡文姬，能辨琴。谢道韫，能咏吟。
　　在古代有许多出色的女能人。像东汉末年的蔡文姬能分辨琴声好坏，晋朝的才女谢道韫则能出口成诗。

彼女子，且聪敏。尔男子，当自警。
　　像这样的两个女孩子，一个懂音乐，一个会作诗，天资如此聪慧；身为一个男子汉，更要时时警醒，充实自己才对。

竹部
　　一般位居上部，下面部分宽时，其形应稍窄，下面部分高时，其形应略扁，左右两部应有变化，左部可略小于右部。

唐刘晏，方七岁。举神童，作正字。
　　唐玄宗时，有一个名叫刘晏的小孩子，才只有七岁，就被推举为神童，并且做了负责刊正文字的官。

彼虽幼，身已仕。尔幼学，勉而致。
　　刘晏虽然年纪这么小，但却已经做官，担当国家给他的重任，要想成为一个有用的人，只要勤奋好学，也可以和刘晏一样名扬后世。

见部
整体上窄下宽，横折长于左竖，下横与撇连写，竖弯钩转折自然舒展。

犬守夜，鸡司晨。苟不学，曷为人。

狗在夜间会替人看守家门，鸡在每天早晨天亮时报晓，人如果不能用心学习、迷迷糊糊过日子，有什么资格称为人呢。

蚕吐丝，蜂酿蜜。人不学，不如物。

蚕吐丝以供我们做衣料，蜜蜂可以酿制蜂蜜，供人们食用。而人要是不懂得学习，以自己的知识、技能来实现自己的价值，真不如小动物。

贝部

两竖左收右放，两小横右不写满，下横起笔左伸。作左旁时形窄，下横连撇，点画上收；位居下部时，诸横间距略收挑，撇、点着地。

幼而学，壮而行。上致君，下泽民。

　　我们要在幼年时努力学习不断充实自己，长大后能够学以致用，上替国家效力，下为人民谋福利。

扬名声，显父母。光于前，裕于后。

　　如果你为人民做出应有的贡献，人民就会赞扬你，而且父母也可以得到你的荣耀，给祖先增添了光彩，也给下代留下了好的榜样。

佳部

左边单人竖直用笔，收笔垂露。右边的点、四横分布匀称，紧凑，中间两横较短。

人遗子，金满籯。我教子，唯一经。

　　有的人遗留给子孙后代的是金银钱财，而我并不这样，我只希望他们能精于读书学习，长大后做个有所作为的人。

勤有功，戏无益。戒之哉，宜勉力。

　　反复讲了许多道理，只是告诉孩子们，凡是勤奋上进的人，都会有好的收获，而只顾贪玩，浪费了大好时光是一定要后悔的。

页部　画画首横两长明左连略平不宜长，竖粗细变化显，下横与撇点，斜点低衡，整体伸贯，针低衡。